AZÉMIA,

OU

LES SAUVAGES,

COMÉDIE,

EN TROIS ACTES, EN PROSE,

MÊLÉE D'ARIETTES.

Représentée à Fontainebleau, devant leurs Majestés, le 17 Octobre 1786, & à Paris, le 3 Mai 1787.

Prix. 1 liv. 10 f.

A PARIS,

Chez BRUNET, Libraire, rue de Marivaux, près la Comédie Italienne.

M. DCC. LXXXVII.

AZÉMIA,
ou
LES SAUVAGES,
COMÉDIE.

ÉPITRE DÉDICATOIRE,

A MONSIEUR DALAYRAC.

JE vous dois, à plusieurs titres, la dedicace de cet Ouvrage, mon ami ; premiérement, parce que j'ai juré de n'en faire jamais qu'à l'amitié ; secondement, parce que c'est à votre jolie musique que la Pièce doit une grande partie de son succès ; troisièmement enfin, parce qu'il n'est pas indifférent d'apprendre au Public, ce que vous lui tairiez : c'est que vous avez presque autant contribué que moi-même, au plan & à la contexture dramatique de l'Ouvrage : c'est à la délicatesse de votre goût, à la complaisance que vous avez eue de réfléchir souvent avec moi sur mon sujet, c'est à quelques idées heureuses que vous avez bien voulu me communiquer, que je dois entièrement la réussite d'Azémia, & la reconnoissance m'auroit fait un devoir de le publier, quand l'amitié ne m'en eût pas fait un plaisir : vous connoissez ma façon de penser sur le genre de l'Opéra-comique : tout le talent de l'Auteur des paroles ne consiste guère qu'à faire valoir celui du Musicien ; aussi n'ai-je jamais attaché aux succès que nous avons eu le bonheur d'avoir ensemble dans ce genre, d'autre importance que celle de les partager avec vous.

AVERTISSEMENT.

La tempête de Shakespeare, celle de Dryden, le Roman de Robinson-Crusoé, & l'Histoire générale des voyages, m'ayant donné l'envie de composer une Nouvelle dramatique, qui tînt du genre des Ouvrages, dont la lecture m'avoit échauffé l'imagination, je composai celle d'Azémia; mais je n'osai point la faire imprimer: l'intérêt qu'elle me parut inspirer dans les lectures particulières, me donna néanmoins le desir d'en risquer quelques situations au Théatre, en reléguant la partie romanesque dans l'avant-scène; & c'est le sujet de la Pièce que je viens de donner aux Italiens.

C'étoit après de mûres & profondes

réflexions sur l'art dramatique, & les différentes branches, que je regardois comme permis & peut-être nécessaire, d'étendre les ressources du genre borné de l'Opéra-Comique, en admettant, de préférence, les situations romanesques, lorsqu'elles pouvoient se concilier avec la vraisemblance : par ce moyen, chaque Théatre me paroissoit avoir son genre propre & particulier. Je laissois à celui de l'Opéra les féeries, les enchantemens & les fêtes ; aux François, le développement des caractères & la peinture des mœurs, & je réservois aux Italiens les tableaux variés, les effets pittoresques, les surprises, & tout ce qui me sembloit propre à diversifier les compositions musicales. J'avois même pour moi l'exemple & les suffrages de ceux qui, jusqu'à présent, s'étant distingués dans la même carrière par des

AVERTISSEMENT.

succès éclatans, me sembloient avoir acquis le droit légitime de poser les bornes de ce genre ; mais le Rédacteur, aussi modeste que célèbre, de l'extrait d'*Azémia*, dans le Mercure, vient, dans un *petit Résumé* de sa façon, de donner au Public & à moi-même, des préceptes absolument contraires. S'il s'est dispensé, pour cette fois, de rendre compte de l'effet de la Pièce, ce qui jadis étoit assez d'usage ; en récompense, on doit en être bien dédommagé par le *petit Résumé*. On y verra qu'il faut désormais renoncer à l'estime, quand on invente sa fable & ses situations ; que cette manière étant la plus aisée, est aussi la moins méritoire ; que nos Auteurs, (& ici la leçon du Régent devient générale,) que nos Auteurs s'occupent tous très-peu de la vraisemblance, malgré

AVERTISSEMENT.

les soins bienfaisans qu'il met sans cesse à leur faire part de ses profondes lumières, de son goût irréprochable, & c'est moi, pécheur endurci, qui, résistant toujours à ses sages & judicieux conseils, me suis principalement attiré cette vespérie, pour avoir imaginé dans *Azémia* des événemens impossibles, des naufrages, ce qu'on n'a jamais vu & qu'on ne verra jamais; des gens qui se rencontrent dans les mêmes parages, en s'y cherchant, ce qui est totalement hors de vraisemblance; enfin, un amour naïf & ingénu entre deux jeunes Sauvages ignorans; ce qui ne peut absolument inspirer aucun intérêt. J'engage tous les Auteurs d'Opéra comique à bien se pénétrer des principes que l'Auteur de l'Extrait vient de développer, avec grace & légéreté, dans son petit Résumé. Je leur conseille de se soumettre à l'impo-

AVERTISSEMENT.

sante autorité de ce Juge impartial, s'ils veulent partager bientôt l'estime littéraire qu'il s'est lui-même si justement acquise. Ils auront bien soin de bannir les surprises, de s'en tenir aux mœurs si variées de nos cercles, de ne peindre que des tableaux connus, sur-tout de motiver, avec exactitude, jusqu'aux plus légers détails. Alors la marche de leur ouvrage sera plus rapide, plus piquante, & on évitera sûrement la lenteur & la monotonie, si funestes aux premières représentations des Ouvrages nouveaux, surtout à ce Théatre. Instruits par la leçon qu'on m'a faite, ils se garderont bien de choisir des titres qui, en ne laissant rien prévoir, répondent à l'exposition, au nœud & au dénouement de l'Ouvrage, ce sont des titres *nuls*. L'influence de l'affiche étant une partie essentielle, ils feront beaucoup mieux de ne choisir que

AVERTISSEMENT.

ceux qui laissent tout deviner. Enfin, quand ils auront eu le bonheur de plaire au Public, ils apprendront que ce n'est pas là leur triomphe essentiel, mais qu'il faut encore satisfaire l'homme éclairé, qui, sur son Tribunal hebdomadaire, a le droit de démentir les suffrages de la Nation, & de juger, en dernier ressort, d'un trait de plume, le fruit de plusieurs mois de travail & de réflexion. Cet homme, c'est M. *le Vacher de Charnois*, fameux par ses connoissances en Littérature, en Musique & dans tous les Arts, dont il a donné des preuves non suspectes, & qu'il possède, à-peu-près toutes, au même degré.

Je ne me suis jamais dissimulé que je dois mon succès à l'ensemble parfait du jeu des Comédiens : je les prie d'agréer ici les témoignages de ma reconnoissance.

qui masquent la naissance d'un rocher. Sur ce rocher, à demi-hauteur de celui qui est vis-à-vis, doit être aussi un sentier, par lequel puissent passer les Acteurs, & un palmier qui borde la coulisse.

Aux premières mesures de l'ouverture, la toile se lève; une musique tranquille doit indiquer le calme & la solitude de ce lieu champêtre. Quelques instans après, on voit sur la mer plusieurs canots de sauvages; ils abordent, se grouppent, exécutent des danses pantomimes; Edoin paroît sur son rocher, derrière la palissade, témoigne son inquiétude, & tire en l'air un coup de fusil, qui effraye les Sauvages; quelques-uns regagnent leurs canots en désordre, prennent le large, & s'éloignent : les autres se précipitent du haut d'un rocher, disposé pour cela, dans la mer. On les voit nager & s'éloigner. Edoin va s'assurer s'ils sont partis, & revient.

SCENE PREMIERE.
EDOIN, seul.

Ils s'éloignent : le bruit de cette arme inconnue les épouvante toujours; mais s'ils s'accoutumoient à ne plus la craindre; s'ils revenoient, en force, surprendre mon habitation, malgré les soins que j'ai pris de la dérober à toutes recherches ! Eh quoi! depuis douze ans, nul espoir de sortir de ces

COMÉDIE.

lieux! Ah! ma chère Azémia! seul bien que j'ai sauvé du plus cruel naufrage; toi, pour qui seule j'ai supporté la vie dans ces déserts; ô ma fille! je frémis sur ton sort bien plus que sur le mien.

ARIETTE.

Ton amour, ô fille chérie!
M'a consolé de tous mes maux.
Si ton père aime encor la vie,
C'est pour veiller à ton repos.
Ma retraite profonde,
Tu la vois sans effroi,
Je suis pour toi le monde,
Tu l'es aussi pour moi.

Le souvenir de mon naufrage
Vient-il m'agiter malgré moi!
Pour ranimer tout mon courage,
J'aime à redire près de toi.
Ton amour, &c.

J'espérois du moins que Milord Akinson, qui sait son fils entre mes mains, viendroit le chercher, qu'il m'arracheroit à cette solitude; s'il faut renoncer à cet espoir, que deviendrai-je? Voilà le jeune Prosper & ma fille parvenus à l'âge des amours; que d'inquiétudes ils me préparent! J'ai beau déguiser au jeune homme le sexe de ma fille, ordonner à celle-ci le secret, les effrayer tous deux, la nature & l'amour me feront sûrement bientôt accuser d'imposture; ce sont des précepteurs plus éloquens que moi. J'entends mon jeune élève.

COMÉDIE.

EDOIN.

A l'inſtant même, une horde ſauvage, ſemblable à celle qui t'a déja conduit ici, vient d'aborder ſur ce rivage.

PROSPER.

Ah ! tu me rappelles une obligation que je t'aurai toute ma vie ; ils m'avoient amené ſur ces bords avec mon père.

EDOIN.

Que je ne pus ſauver ! c'eſt mon plus grand regret. J'ignorerois même ton nom, ton âge & ta naiſſance, ſans ce bijou que je trouvai le lendemain, & le papier qu'il renfermoit.

PROSPER.

A propos de ce papier, tu m'avois encore promis hier de me le montrer aujourd'hui.....

EDOIN.

Et je te tiens parole. Lis......

PROSPER.

Milord Akinſon a cru reconnoître le libérateur de ſon fils pour un de ſes compatriotes : eſclave des ſauvages, qui font le commerce de notre liberté, il ignore le terme de ſa dure captivité. Mais il eſpère qu'en laiſſant ce bijou dans ces lieux, on le trouvera, on l'attachera au col du jeune Proſper, âgé de ſix ans, & qu'un jour il ſera aſſez heureux pour retrouver son fils, & embrasser son bienfaiteur. Akinson.

PROSPER.

Akinson !

EDOIN.

Je trouvai effectivement le bijou dès le lendemain de cette terrible scène ; je t'élevai, je t'aimai comme mon enfant, je te regardai comme devant être un jour la cause de ma délivrance ; mais douze ans sont passés, & je n'ai plus d'espoir.

PROSPER.

J'aurois pourtant bien du plaisir à vous traiter tous deux de même.

EDOIN.

La difficulté d'aborder ces parages, ne m'a encore permis de voir que des vaisseaux brisés, dont, à la vérité, j'ai tiré quelques secours ; mais il semble qu'il ne soit permis qu'aux Sauvages de pouvoir y relâcher sans danger, & leurs incursions funestes.....

PROSPER.

Que crains-tu ? ton industrie a si bien caché nos habitations, nous sommes seuls possesseurs du secret qui les rend accessibles.

EDOIN.

Oui, mais vivre toujours seuls tous les trois.

(*Azémia paroît ici sur son rocher.*)

COMÉDIE.

PROSPER.

Comment donc aussi, puisque l'univers est si peuplé, cette isle reste-t-elle déserte? Tiens, j'ai idée, moi, que ces femmes, dont tu me dis quelquefois tant de mal, contribueroient un peu à embellir ces déserts.

EDOIN.

(*A part.*) Nous y voilà : (*haut.*) non, je te l'ai dit, & je te le répète, elles sont aussi dangereuses qu'elles sont aimables.

PROSPER.

J'aime pourtant jusqu'à leur nom, j'aime sur-tout à t'en entendre parler : ah ! mon ami ! fais-moi leur portrait.

EDOIN.

Je le veux bien. (*à part*) Il faut l'effrayer, pour faire tourner contre ma fille sa propre indiscrétion, si jamais elle en étoit capable.

SCÈNE III.

EDOIN, PROSPER, AZÉMIA, *cachée*.

AZÉMIA, *sur son rocher à part*.

Ah! les voilà dans leur petit conseil; écoutons.

TRIO.

EDOIN.

Ecoute bien, tu vas entendre,
Ah! garde-toi de te laisser surprendre;
Je te dirai la vérité.

PROSPER.

J'écoute bien, je brûle de t'entendre;
Mais parle avec sincérité.

EDOIN.

D'abord tout est fait pour séduire;
Si doux parler, si doux sourire....

PROSPER.

Ah! le joli portrait!

EDOIN.	PROSPER ET AZÉMIA.
C'est une fleur,	Ah! le joli portrait!
C'est la douceur,	
C'est la fraîcheur.	

COMÉDIE.

EDOIN.
Tout nous enchante, tout nous plaît.

PROSPER.
Eh bien, que risque-t-on de se laisser surprendre ?

ENSEMBLE.

EDOIN.	PROSPER.	AZÉMIA.
Ecoute bien, tu vas l'apprendre, Je te dirai la vérité, Ah! garde-toi de se laisser surprendre, Je parle avec sincérité.	J'écoute bien en vérité, Que risque-t-on de se laisser surprendre ?	Ecoutons bien, tâchons d'entendre, S'il lui dira la vérité.

EDOIN.
Cette fleur si charmante
Cache une épine, & devient un poison :
Cette grace si séduisante,
Est un écueil qui trouble la raison :
Cette douceur si caressante
Cache souvent l'affreuse trahison.

ENSEMBLE.

EDOIN.	PROSPER.	AZÉMIA.
Voilà, voilà la vérité, Garde-toi bien de te laisser surprendre.	Ah! c'est dommage en vérité, Ah! quel danger de se laisser surprendre ! Mais est-ce bien la vérité ?	Mais que veut-il lui faire entendre ? Non, ce n'est pas la vérité.

AZÉMIA.

PROSPER.

J'aime à te croire, & je ne sais pourquoi mon cœur s'y refuse sur ce point. J'ai toujours, je l'avoue, le plus grand desir de connoître ces perfides mortelles ; &, malgré leur méchanceté, je me sens l'envie & la force de les combattre.

AZÉMIA, *à part.*

De les combattre !

EDOIN.

L'amour qu'elles t'inspireroient, est un poison subtil qui te maîtriseroit malgré toi : elles te poursuivroient jusques dans ton sommeil.

PROSPER.

Ne pourrois-je pas aussi m'en venger au réveil ? Mais cet amour, ce poison, ne paroît pas t'avoir fait tant de mal. Tu m'as dit que ton épouse avoit autrefois jeté quelques fleurs sur ta vie.

EDOIN.

Il est d'heureuses exceptions, je dois en convenir.

PROSPER.

Enfin, si mon père revient, si nous quittons ce désert, il faudra pourtant bien que je m'accoutume à en voir.

COMÉDIE.

EDOIN.

Ce sera pour-lors à lui seul à veiller sur ta destinée.

PROSPER.

Si du moins au lieu d'un fils, le Ciel t'eût donné une fille, par exemple.

EDOIN.

Eh bien ?

PROSPER.

Eh bien, je ne desirerois plus rien.

EDOIN.

Ce seroit peut-être pour ton tourment, (*à part*) & sûrement pour le mien; (*haut*) à l'instant où une femme t'approcheroit, tu serois perdu.

PROSPER.

En ce cas, n'en parlons plus : mais il me semble que ton fils dort aujourd'hui bien long-tems.

AZÉMIA, *se montrant.*

Oh! que non, je ne dors pas, j'écoute, & j'entends.

PROSPER.

Ah! le voici.

EDOIN, *l'embrassant.*

Viens, mon cher enfant; j'attendois ton réveil pour commencer le travail de ma journée. L'impérieux besoin nous y condamne ; livrez-vous tous deux à vos occupations ordinaires, & ne vous écartez pas. Profper, aide ton frère, & dirige fon ouvrage.

PROSPER.

Je n'en fais jamais pour lui autant que j'en voudrois faire.

EDOIN, *bas à fa fille.*

Garde bien ton fecret, il eft plus effentiel que jamais, fi tu ne veux pas t'expofer au plus grand malheur ! Profper deviendroit, fur le champ, ton plus cruel ennemi. (*haut*) Adieu, mes enfans, je reviendrai bientôt. (*Il les embraffe, & fort.*)

SCENE IV.
AZÉMIA, PROSPER.

(*Ces deux enfans s'occupent à des travaux différens, Azémia fait des corbeilles, & Profper vanne du grain.*)

AZÉMIA, *à part.*

JE vois bien que mon père nous trompe tous deux. Quel portrait il lui fait des femmes ! & pourquoi veut-il que je le craigne ? Il a l'air fi doux, quel mal peut-il me faire ? (*haut à Profper*) Tu travailles trop, tu feras fatigué.

COMÉDIE.

PROSPER.

Fatigué ! quand je travaille près de toi, c'est impossible.

AZIMIA.

Tu m'aimes donc beaucoup ?

PROSPER.

Oui, sans doute, & même cela me tourmente; car, vois-tu, j'aime ton père, je donnerois mon sang pour lui; & je ne conçois pas pourquoi je t'aime encore plus que lui.

AIR.

Aussi-tôt que je t'apperçoi,
Mon cœur bat & s'agite,
Et si j'accours auprès de toi,
Il bat encor plus vite.
A tout moment, & malgré moi,
Je brûle, & ne sais pas pourquoi.   (bis)
De m'éclairer sur ce mystère,
Je pourrois bien prier ton père;
Mais si tu voulois, tien, je croi,
J'en apprendrois plus avec toi.

D'abord desir de te chercher,
Le premier semble éclore,
Puis desir de me rapprocher,
Puis.... d'approcher encore.
Là, toujours mon cœur, malgré moi,
Desire, & je ne sais pas quoi,   (bis)
De m'éclairer sur ce mystère, &c.

AZÉMIA.

J'ai bien quelque petit soupçon
D'en savoir quelque chose,
Mais, à t'en parler sans façon,
Je ne sais quoi s'oppose;
Et pourtant ce je ne sais quoi,
M'agite, & je ne sais pourquoi.
De m'éclairer sur ce mystère,
J'ai bien déja prié mon père,
Mais si j'osois : tiens, en effet, je croi,
J'en apprendrois plus avec toi.

J'écoutois tout-à-l'heure quand tu causois avec mon père; je t'ai bien entendu dire que tu desirerois voir des femmes dans cette Isle. Pourquoi donc?

PROSPER.

Je n'en sais rien; est-ce que tu n'as pas le même desir, toi?

AZÉMIA.

Non, je t'assure.

PROSPER.

Ton père aussi me blâme de l'avoir, peut-être a-t-il raison.

AZÉMIA.

Et si j'en étois une....

PROSPER.

Ah! si le Ciel l'eût permis, quel plaisir j'aurois....

COMÉDIE.

AZÉMIA.

Oui, à me combattre.

PROSPER.

Oh! non, à te céder.

AZÉMIA.

Tu m'aimerois encore, même si j'étois femme?

PROSPER.

Non pas davantage, cela est impossible ; mais je serois plus heureux.

AZÉMIA.

Plus heureux! là, bien vrai?

PROSPER.

Ah! bien vrai, mon cœur me le dit.

AZÉMIA, *à part*.

Il seroit plus heureux. Oh! je vais parler. (*haut*) (*Elle l'appelle.*) St, Prosper, écoute.

PROSPER.

Que veux-tu?

AZÉMIA.

Sois heureux, j'en suis une.

PROSPER.

Ciel!.... tu te moques de moi.

AZÉMIA.

Non, Prosper, je t'assure. (*Prosper s'éloigne.*) Qu'as-tu donc?

AZÉMIA;

PROSPER.

Je n'ai rien, c'est que je tremble.

AZÉMIA, *se reculant aussi.*

J'ai mal fait de parler : ne voilà-t-il pas que je tremble aussi !

DUO.

AZÉMIA.

J'ai peur, je ne sais pas pourquoi,
Je n'en puis deviner la cause.

PROSPER.

J'ai peur, &c.

AZÉMIA.

Approche-toi.

PROSPER.

Moi ?

AZÉMIA.

Toi.

PROSPER.

Qui, moi ?

AZÉMIA.

Oui, toi.

PROSPER.

Je n'ose...

Approche-toi.

AZÉMIA.

Qui, moi ?

PROSPER.

COMÉDIE.

PROSPER.
Oui, toi.

AZÉMIA.
Je n'ose....
Sans approcher, regarde-moi.

PROSPER.
Sans approcher, regarde-moi.

AZÉMIA.
Eh bien !

PROSPER.
J'ai du plaisir, je te vois.

AZÉMIA.
Avance un peu... hasarde.

PROSPER.
Attends, attends, prends garde ;
Je suis bientôt tout près de toi.
(Ils se touchent & s'enfuyent tout effrayés.)

ENSEMBLE.
J'ai peur, j'ai peur, en vérité ;
Je n'en puis deviner la cause.
Nous éprouvons la même chose ;
Edoin m'auroit-il dit la vérité !

PROSPER.
M'aimes-tu moins ?

AZÉMIA.
Non, ce me semble ;
Et moi, Prosper ?

AZÉMIA,

PROSPER.

Non, ce me semble.
Regardons-nous tous deux ensemble.
(*Ils se regardent.*)

ENSEMBLE.

Toujours même plaisir, moi.
Approchons-nous tous deux ensemble.
(*Ils se rapprochent lentement.*)
Me voilà bientôt près de toi.
(*Ils se touchent & restent.*)
Mais j'ai moins peur; oui, j'ai moins peur.

AZÉMIA.

Eh bien, eh bien ! que dit ton cœur ?

PROSPER.

Il me dit toujours que je t'aime;
Et toi ! que dit ton cœur ?

AZÉMIA.

Mon cœur est toujours le même.

ENSEMBLE.

Plus de frayeur,
Toujours mon cœur
Est le même,
Je n'ai plus peur;
De près, de loin, oui je sens que je t'aime,
Je n'en veux croire que mon cœur.
Je n'ai plus peur.

COMÉDIE.

AZÉMIA.

Me voilà un peu rassurée, & pourvu que nous n'ayons pas d'amour.

PROSPER.

Mais nous ne le connoissons point; il viendra peut-être sans que nous nous en doutions.

AZÉMIA.

Dieux! tant pis; car Edoin dit qu'il nous feroit peut-être bien souffrir.

PROSPER.

Dans ce cas, nous souffririons ensemble.

AZÉMIA.

Ah! tu as raison; allons, allons, je me résigne même au malheur de l'amour.

(*On entend parler dans la coulisse.*)

PROSPER.

Si ton père vouloit nous marier?....

AZÉMIA.

Paix.... on parle.

PROSPER.

Et cette voix n'est pas celle d'Edoin; seroient-ce par hasard des sauvages? Je veille sur tes jours.

AZÉMIA.

Cachons vîte notre ouvrage, & ne nous montrons pas. (*Ils se cachent derrière leur palissade.*)

SCENE V.

FABRICE, ALVAR, TROIS MATELOTS, AZÉMIA ET PROSPER, *cachés*.

FABRICE.

Mais, Monsieur, plus nous avançons, plus l'endroit me paroît sauvage; cette isle est déserte, il n'en faut pas douter : où voulez-vous encore aller ?

ALVAR.

Et qu'avons-nous de mieux à faire ? La marée montante peut seule remettre la chaloupe à flot, & nous voilà retenus pour plus de vingt-quatre heures.

FABRICE.

Vingt-quatre heures encore ! Quel supplice ! Mais au moins seroit-il prudent de ne pas s'éloigner de la rade ? nous en sommes déjà à plus de deux heures de chemin.

ALVAR.

Toujours ta maudite poltronnerie : je suis bien aise de savoir si nous ne trouverons rien des débris de ce malheureux équipage, que la bourasque nous a empêchés de secourir, & qui s'est brisé à nos yeux ; j'ai cru reconnoître le pavillon anglois.

COMÉDIE.

FABRICE.

Nous avons bien pensé en faire autant sur ces maudites côtes; elles sont bordées d'écueils : cela nous arrivera quelque jour avec votre fantaisie de découvertes. J'ai d'ailleurs une inquiétude plus réelle.

ALVAR.

Laquelle ?

FABRICE.

D'être avalé par quelqu'antropophage.

ALVAR.

Peste soit du poltron.

FABRICE.

Monsieur, j'ai lu quelques voyages, tel que vous me voyez, & je sais bien que ces gens-là, sans respect pour de jolis visages, vous dépêchent un homme tout d'un trait, sans lui donner le tems de se reconnoître.

ALVAR.

Tais-toi.

FABRICE, *effrayé, appercevant Azémia.*

Ah ! Monsieur !

ALVAR.

Qu'est-ce que c'est ?

FABRICE.

L'Isle en est peuplée, sauvons-nous.

AZÉMIA.

ALVAR.

Que vois-je!

FABRICE.

N'approchez pas....

ALVAR.

Mais vois donc la délicatesse de ses traits ; je ne me trompe pas, c'est une jeune femme, & une femme sauvage ! Quelle découverte !

FABRICE.

A vous entendre, on les croiroit bien rares.

PROSPER, *bas à Azémia.*

Il te regarde avec des yeux.... Voilà sûrement les hommes dont tu dois te défier ; je le hais déjà : s'il t'approche, qu'il prenne garde.

AZÉMIA.

Il n'a pas l'air méchant.

ALVAR.

Elle m'entend ! quelle étonnante aventure ? Ecoutez-moi.

FINALE.

ALVAR.

Ma belle enfant, ces sauvages retraites
Sont peu faites
Pour tant d'appas,
Oui, tant d'attraits, sont faits pour nos climats.

COMÉDIE.

AZÉMIA.

Quel singulier langage !
Excuse-moi, je ne te comprends pas.

ALVAR.

Quel singulier langage !
Sa candeur me ravit.

AZÉMIA, à *Prosper.*

Entends-tu ce qu'il dit ?

PROSPER.

Fort bien.

ALVAR.

Quittez cet air sauvage.

AZÉMIA.

Je ne suis point sauvage,
C'est toi, toi qui l'es, je le croi.

FABRICE.	AZÉMIA.
Monsieur, elle vous croit sauvage,	Prosper, il m'appelle sauvage.
Elle s'y connoît, je le voi.	

ALVAR.

Je puis vous rendre heureuse,
Soyez donc moins peureuse.
Vous seriez plus heureuse,
Si vous habitiez nos climats.

AZÉMIA.

Qui, toi, me rendre heureuse !
(*Regardant Prosper.*)

Eh ! mais je suis heureuse,
Qu'ai-je besoin d'autres climats !

PROSPER, *menaçant Alvar.*

Finis, ou crains ma colère.

ALVAR.

Que me veut donc ce jeune téméraire ?

AZÉMIA, *cherchant à arrêter Prosper.*

C'est l'outrager : ah ! calme-toi.

PROSPER.

Je n'entends rien.... éloigne-toi.

ALVAR.

Qui donc es-tu ?

PROSPER.

Elle est à moi.
Fuis de ces lieux, ou ma vengeance
Pourroit tomber sur toi.

ALVAR.

Quel excès d'insolence !

ALVAR.	AZÉMIA, *entre les deux.*	PROSPER.
Jeune insensé, je brave ton courroux.	Ah ! calmez-vous. Mais pourquoi donc tant de courroux ?	Va, crains sur toi d'attirer mon courroux.

ALVAR.

Je dois punir tant d'insolence.

PROSPER.

Va, crains toi-même ma vengeance.

PROSPER.

Eh bien ! sans moi, partez mon père,
Partez sans moi, je m'y soumets.

ÉDOIN & AZÉMIA.

Te fuir, mon ami, non jamais :

ALVAR.

Ta fille, & toi,
Voilà ma loi.

EDOIN.

Fuis, cœur barbare, éloigne toi,
Tu dois rougir d'une aussi dure loi.

ÉDOIN & ses enfans, à part.	ALVAR & sa troupe, à part.
O mon ami, nous désunir ! Non, non, jamais je suis ton père. (haut.) Ah ! laissez-nous seuls dans nos forêts, Et recevez nos adieux pour jamais.	Je suis tenté de le punir, Ce soir, à l'ombre du mystère.... Nous reverrons cette fille si chère. (haut.) Oui, nous vous laissons dans vos forêts, Et recevez nos adieux pour jamais.
Ils rentrent par leur palissade, quand ils sont sûrs que les autres sont sortis.	*Ils sortent, en se faisant des signes d'intelligence, & regardant l'endroit pour le reconnoître.*

Fin du premier Acte.

AZÉMIA.
FABRICE.
Il faut, amis, de la prudence,
Du zèle & de l'intelligence.
CHŒUR.
Laissez, laissez, tout ira bien.
AKINSON, & son officier.
Ecoutons bien, écoutons bien.
Ciel! ô ciel! de l'innocence
En ce moment, seras-tu le soutien?
FABRICE.
Il faut, amis, par la prudence,
Mériter votre récompense.
UN MATELOT.
Allez, allez, tout ira bien:
(*à son confrère.*)
Connois-tu la fillette?
SECOND MATELOT.
Oui, jolie & bien faite....
Elle est fort bien.
AKINSON.
Que parlent-ils de fillette?
SECOND MATELOT.
Je dis qu'elle est fort bien,
Il faut enlever la fillette.
AKINSON.
L'enlever! ah! les scélérats!

COMÉDIE.

SECOND MATELOT.

Sans que le père en sache rien.

AKINSON.

Un père ! ah ! malheureux !
O Dieux !

CHŒUR DE MATELOTS ESPAGNOLS.	AKINSON ET SON OFFICIER.
Il faut, amis, de la prudence,	Ciel ! ô ciel de l'innocence
Du zèle & de l'intelligence,	En ce moment, daigne être le
Tout ira bien, tout ira bien :	soutien.
Il n'est pas tems encore ;	Malheureux père ! à cette of-
Cherchons sans bruit.	fense,
Il faut que tout soit dit	De t'opposer, auras-tu le
Au retour de l'aurore.	moyen ?
(Les Matelots sortent.)	

(Demi-jour à la sortie des Matelots.)

SCENE V.

AKINSON ET SON OFFICIER.

AKINSON.

Quel singulier événement ! ils parlent d'une fille, d'un père.... L'isle est donc habitée.... Ne les perdons pas de vue.... Tâchons de savoir positivement ce qu'ils méditent, de connoître l'endroit qu'ils veulent attaquer, & de sauver, s'il est possible,

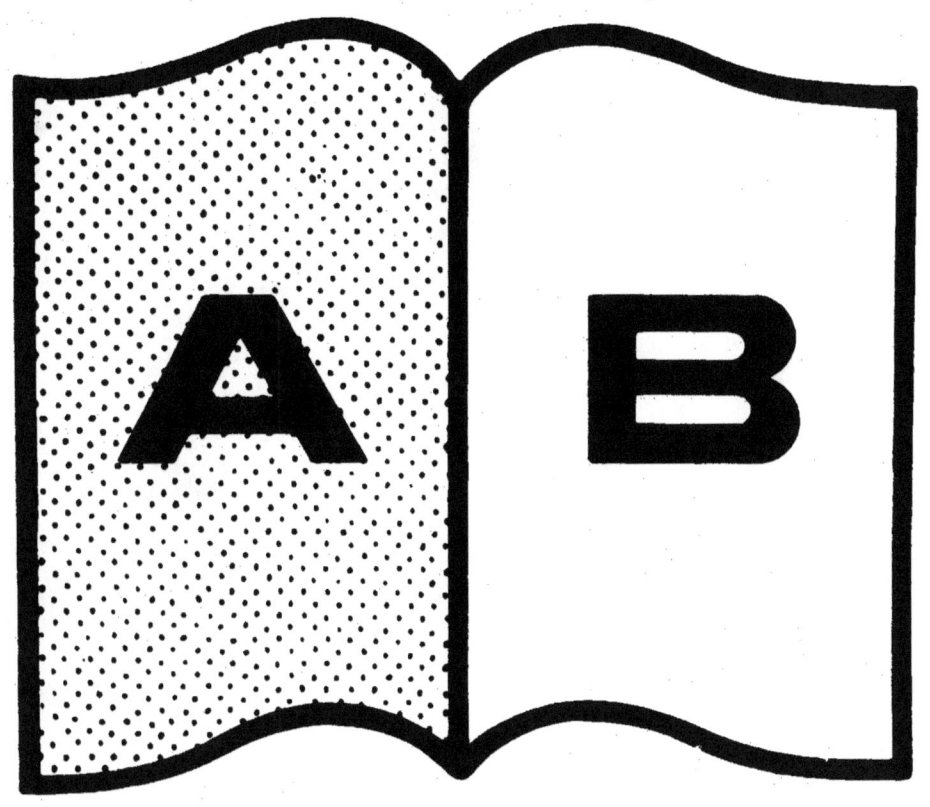

Contraste insuffisant

NF Z 43-120-14

www.ingramcontent.com/pod-product-compliance
Lightning Source LLC
Chambersburg PA
CBHW070657050426
42451CB00008B/391